ファーストステップシリーズ
1st Step Series

改訂新版

「教会は初めて」という人のため

内田和彦［著］

いのちのことば社

装幀＝ロゴス・デザイン（長尾 優）

目次

第三章　教会の活動……49

はじめに

恐る恐る、半分開いた焦げ茶色の扉の中に入ってみました。スリッパが何足か並べてありま す。受付のテーブルがあったのですが、だれもいません。小さなホールの奥にもう一つドアがあって、中から歌声が聞こえてきます。

「ここまで来たのだから、今さら帰るわけにはいかない。」

実は前の日曜日にも教会に行こうと思い、「確か、このあたりにあったはずだけど……」と探したが、見つからず、あきらめて家に帰ったのでした。ですから、再挑戦して、ようやく見つけた裏通りの教会です。あとは思い切って入るのみ。

玄関のスリッパをはいて、ドアを開けて中に入り、後ろのほうに座って、途中からでしたが、ついに礼拝に出席しました。十五歳の夏、休み明けの日曜日のことでした。

以来六十年、右も左もわからずに教会に飛び込んで行った私が、様々な疑問や悩みを通り抜けて、神学校に進み、牧師になりました。五年ほどアメリカやイギリスの教会も体験し、その前後に二つの教会の牧師として働き、やがて牧師や宣教師を育てる神学校（「進学校」ではありません。念のため）の教師となりました。六十歳、還暦を過ぎるころから「教会の『現場』に戻りたい」と思うようになり、群馬県前橋市の教会の牧師となって、今日に至っています。

世紀が変わるころ、初めて教会に行ったときのことを思い出しながら、「教会に一度も行ったことがない。どんな所か、何をするのか。行くとしたら、どんな用意が必要か知りたい」という人のために、小著を書かせていただきました。「教会に通い始めたけれど、わからないことが多くて」、「長く教会に来ているから、今さら聞けなくて」と思われる方たち、さらには「教会になれていない人たちをサポートしたい」と願う方々も、お助けできたらと思いました。

ひとくちに「教会」と言っても、様々です。見た目も、活動内容も、雰囲気、伝統や慣習も違うでしょう。教会の実情を知り尽くしているわけではありませんが、私の知っている範囲で平均的と思われるところを記した二十年前のものを、このたびアップデートしました。

この小著を通して、教会に足を運ぶ人たちがひとりでも増えるよう願っています。

第一章　教会に行く前に

まずは、初めて教会に行くにあたっての基本的な心構えや、行こうと思ったときに出てくる疑問に対する答えなど、お伝えしましょう。

1　教会に行くきっかけ

そもそも、今教会に来ている人たちは、どんなきっかけで教会に通うようになったのでしょうか。それは実に様々だと思います。教会に初めて出席した人には、自分以外はみんな「大ベテラン」のように見えるかもしれませんが、それぞれ初めて来た日があり、それぞれきっかけがあるものです。

私自身は、「はじめに」で述べたように、高校一年生の夏休み明け、自分で探して行ったのですが、実はそれに先立つ「前史」がありました。クリスチャンの集まりというものに出席したのは、数か月前のことでした。

きっかけは実に他愛のないこと、というより、少々恥ずかしいことです。私は埼玉県の浦和市(現在は「さいたま」市)で生まれ育ち、子ども時代「遊び場」にしていた浦和高校の一年生でした。入学してまだ間もないころ、放課後の教室の片隅で六、七人のクラスメートが立ち話をしているところに通りかかり、彼らから商工会議所の二階でアメリカ人の宣教師がキリスト教の集会を開いていると聞いたのです。

私は中学二年生のころ、聖書をひとりで読んだことがありました。難しくて途中でやめましたが、それでも少し触れたことがあるので、好奇心がわいてきました。それに「女子高校生も大勢来ている」ということばに心が動きました。

そのようにして通い始めた高校生の集会。厳密に言えば教会ではありませんでしたが、聖書の話を聞いたり、賛美歌を歌ったりする点で、教会の集まりとあまり変わりはありません。その集会の夏のキャンプで、私はイエス・キリストという方を信じる決心をしました。それで、あらためて教会に行ってみたいと思い、最初に述べたような教会探しをしたのです。

ですから、私の場合は、だれから誘われたわけでもなく、ただ何となく友人たちの後ろにくっついて行っただけなのです。教会に行くきっかけとしては、やはり、友人、知人に誘われて、というケースが多いでしょう。

また、家族や親戚のつながりで教会に行くようになったという人も、たくさんいます。夫婦でクリスチャンの家庭を「クリスチャン・ホーム」と言いますが、「クリスチャン・ホーム」育ちの二世、いや三世、四世も珍しくなくなってきました。宗教を「家の宗教」としてとらえる日本だから、キリスト教もそうなのかと思うかもしれませんが、「親がクリスチャンだから」というだけでは、教会生活を長年にわたって続けることはできません。人生のどこかで(多くの人は青年期に)、親から教えられた信仰ではなく、自分自身の信仰に脱皮する時がありますす。でも、幼い時から親に連れられて教会に通ったという経験は、大きな意味をもっています。

友人のつながりも家族のつながりもなく、自ら教会を訪れる人ももちろんいます。紹介状やコネがなければ教会に行けないとは考えないでください。教会はだれでも大歓迎なのです。

2　教会に行く動機

私は大学時代に、ある方から「若いのに宗教の道に進むなんて、よほどつらいことがあったのでしょうね」と言われたことがありました。私の場合、人生の試練と呼ぶほどのことがあったわけではありません。ただ、高校に入学し、世界が広がっていくのが嬉しくて、新しいことに触れたいという思いがあったと思います。「何となく」といったところです。それでも、聖書の話をしてくれる高校生集会に行ったことが、まさに私の一生を方向づける一歩となりました。「何となく」という人は、けっこういらっしゃるかもしれません。

もちろん、人生の試練に直面し、苦しみ悩むなかで、解決を求めて教会に来るようになる人たちもたくさんいます。子育てで悩んだり、夫婦の関係に亀裂が生じたり、お子さんが学校に行けなくなるとか、暴力をふるうといった問題に苦しんで、わらをもつかむ思いでおいでになる人も少なくないでしょう。嫁・しゅうとめの関係がこじれたり、親の介護をめぐる身内のトラブルで苦しんだり、疲れたりして教会に来る人もおられるでしょう。

人間関係の破れは、家庭内だけではありません。近所付き合いや親戚付き合い、職場における上司や部下、同僚との関係の難しさ、学校におけるいじめなどで苦しんで、教会に助けを求めてくる人もおられます。私たち人間は自己中心ですし、人を差別する思いや劣等感、プライドもあります。そこで、あらゆる人間関係において問題が起こってきます。若い人たちであれば（若くなくても？）、異性との問題も大きな悩みの種です。失恋をきっかけに生きる意味を真剣に考え始める人もいるでしょう。

さらに、健康上の問題、病気や老い、死の不安などから、心の安らぎを求めて教会に来る方もおられます。経済的な問題が動機になることもあります。仕事上の失敗、リストラ、倒産。

雇い止めされる人は深刻ですが、する立場に置かれて心が重く、教会に来られた例もあります。受験の失敗、自信喪失、自分が何者かわからなくなるという「アイデンティティの危機」といったことから、聖書を読むようになった人もいます。

とにかく、「何となく」という人も含め、どんなことでもよいのです。教会に来られるのに、条件はありません。

教会に来られたら、ぜひ牧師とお話しなさってください。教会には病院の受付のように、症状を書き込む質問用紙は備えつけられていません。「あなたの悩みは何ですか」といった質問をしてくるわけではありません。それぞれのプライバシーを尊重しますから、何か言わなければいけない、ということではありません。しばらく様子を見たければ、それでかまいません。でも逆に「相談したいが、まだ二、三回しか来ていないから」と遠慮することもありません。悩んでいることがあれば、ぜひ相談してみてください。

もし、連れて行ってくれた人がいれば、その人に牧師に引き合わせてもらったらよいでしょう。また受付の人に、「牧師先生とお話ししたいのですが」と言えば、とりついでくれます。日曜日は忙しくても、後日ということで予約をしてくれるかもしれません。

牧師に相談したいことがあることを他の人に知られたくなければ、いったん帰宅して、教会なり、「牧師館」（牧師の住居）なりに電話してもよいでしょう。ただし日曜日はけっこう予定が詰まっていることが多いし、月曜日は普通、牧師のお休みの日なので、火曜日以降に電話してください。もちろん、緊急の場合はその限りではありませんが。

教会に行く動機という話から、少し発展しすぎたかもしれません。このあたりで項を改めることにしましょう。その前に二つだけ言い添えておきます。

第一に、牧師と面接をしてもらうことは無料です。まれに専門的なカウンセリングになって有料ということもあるかもしれませんが、それは例外です。その場合はあらかじめ説明があるでしょう。

もう一つは、牧師先生は話を聞いて助言してくれたり、祈ってくれたりするでしょうが、万能薬をもっているわけではない、全知全能ではないということです。ですから、相談にのってもらえば、悩みが直ちに解消するという淡い期待を抱かないほうがよいでしょう。でも話を聞いてもらい、祈ってもらうことは、あなたに大きな力となるでしょう。あるいは、悩んでいることについての専門家とか専門機関を紹介してくれるかもしれません。

教会に行くようになったら、必ず牧師に相談しなければならないということではありません。でも悩んでいることがあれば、牧師は話を聞いてくれるのでどうぞ、ということです。

3　どこの教会へ行くか？

これは意外と難しい問題です。友人や家族が誘ってくれたのであれば、自動的に「決まり」です。そういう「つて」のない人のことを念頭に置いて、以下のことを記します。

一般的な助言としては、あまり遠くないところをおすすめします。「どれくらいまで」と聞かれると、個人差があるでしょうし、交通の便のこともありますから、それぞれご判断ください。教会に行ったり、行かなかったり、気の向いた時だけというのは、あまりおすすめできませんから、やはり毎週通うことを考えて、できるだけ近くがよいと思います。

「そういえば、ウチの近くに教会があった」と思い出せる人は、そこに行ってみてください。心当たりがなければ、インターネットで検索してみてください。ただし「教会」といっても、「キリスト教会」とは限りませんので、内容をよく確かめてください。逆に、「〇〇教会」という名称でなくても（たとえば「〇〇チャペル」とあっても）、キリスト教会であることもあります。最近は、多くの教会がホームページを開設していますので、それで、その教会がどんな活動をしているか、牧師がどういう人か、礼拝が何時に始まるかといった情報が得られます。

ただし、たくさんの教会が載っていて、どれを選んだらよいのか、戸惑うかもしれません。

まず気をつけていただきたいのは、「教会」という名がついていても、キリスト教会であるとは限らないことです。かつて「霊感商法」、教祖が指名した相手と結婚させられる「合同結婚式」などで世間を騒がせた「統一教会」（「世界基督教統一神霊協会」の略称）は、現在は「世界平和統一家庭連合○○家庭教会」といったソフトな名前で、日本の各地で集会を開いていますが、「キリスト教」ではありません。また、一軒一軒訪問して「聖書を学びませんか」と誘ったりする「エホバの証人」（「ものみの塔聖書冊子協会」の略称）も、聖書を自分たちに都合の良いように解釈し、キリスト教の本質から大きく外れてしまっています。さらに「モルモン教」は「末日聖徒イエス・キリスト教会」と名乗っていますが、『モルモン書』という書物が彼らの経典です。

こうした「異端」の集会には気をつけていただきたいと思います。それ以外にも、「キリスト教会」を装いながらその実キリスト教の本質から外れた「危険な」グループが活動していますので、注意が必要です。名前だけ挙げると、全能神教会、福音宣教教会（通称「タラッパン運動」）、ベレヤ運動、グッドニュース宣教会（別名「喜びのニュース宣教会」）、キリスト教福音宣教会（通称「摂理」「JMS」「CGM」）、新天地教会（「新天地証拠〈あかしの〉幕屋聖殿」の略称）、万民中央教会。韓国系の団体が多いのですが、名前だけでは普通のキリスト教会と区別がつきにくいでしょう。しかし、インターネットで検索すれば、こうした団体が「異端」であるから気をつけるよう、注意を促すサイトも見つかりますから、それが手がかりになります。韓国の主要教団が専門家の調査を経て総会で決議した「異端」「カルト」「注意」「参加禁止」などの判断が発表されているのも参考になります。

ともあれ、聖書の教えを堅持しつつ歴史を重ねてきたプロテスタント教会に出席なさることをおすすめします。神のことばである聖書だけを拠りどころとし、聖書の教えるキリストのみを救い主と信じ、三位一体の神に礼拝をささげる教会です。教会にはそれぞれの伝統があり、強調点や確信の違いがありますが、安心して集うことのできる教会の特徴を二つに絞って申し上げましょう。

第一は、聖書にしっかりと立った教会です。聖書の勉強ばかりしている教会ということではありませんが、聖書の教えをよく説明してくれる教会を選ぶことです。礼拝で聖書は読むけれど、聖書の教えより、時事評論のようなことばかり語っているようでしたら、考えものです。聖書をしっかり信じ、本気で聖書の教えに従って生きている人々の教会をおすすめします。

第二は、聖書は私たちが互いに愛し合い、仕え合うことを教えていますから、それを実践している教会です。教会員が互いに思いやりと尊敬をもって、(ちょっと硬い表現ですが)「愛の共同体」を作っている教会です。それは欠点がないとか、いつも理想的だとかいうことではありません。失敗や誤解などあっても、互いに赦し合っているということです。そのような教会の雰囲気はおのずから違います。皆が楽しそうで、温かな雰囲気があります。そんな教会でしたら、きっとあなたも温かく迎えられるでしょう。

初めての人にはなかなか判断しにくいでしょうが、何回か出席してみるとわかるでしょう。とにかく行ってみてください。

4 教会へ行くのはいつがよいか？

さて、行ってみようという教会が定まってきました。次の問いは、いつ行くかです。教会ではどんな活動をしているか、詳しい説明は第三章でしますから、ここでは簡単に述べて、いつ教会に出かけたらよいか申し上げましょう。
教会の活動の中心は「礼拝」です。「日曜礼拝」「主日礼拝」とか「聖日礼拝」といった名称を使っている教会もあります。キリスト教会は、イエス・キリストが日曜日の朝復活なさったことから、普通は日曜日に礼拝をもちます。それで「日曜礼拝」というわけです。「主日」も日曜日のことです。聖書の神は「主」と呼ばれますから、その「主」を礼拝し、「主」を想う特別の日ということで、「主日（主の日）」となるのです。また日曜日を「聖日」と呼ぶのは、やはり神を礼拝する特別な日、聖なる日であるからです。そんなわけで「礼拝」に「主日」

「聖日」といったことばがつくのです。

さて、その礼拝は普通日曜日の朝もたれています。開始時間は、十時、十時半、十一時など様々です。コロナ禍のため出席者を分散するため、二部礼拝にした教会もあり、たとえば九時と十一時、あるいは八時半と十時半に開始という教会もあるでしょう。いずれにしても、電話で聞くか、ホームページがあればそれで確かめてください。近所の教会であれば、教会の前にある看板で確認できるかもしれません。

ともあれ、日曜日の午前の礼拝に出るのがよいでしょう。しかし、その時間帯には仕事があっていけないという人もおられるかもしれません。教会によっては、早朝の礼拝や夜の礼拝のあるところもあります。

日曜日は完全にアウトという人は、平日の集会もありますから、そちらに出席なさったらよいでしょう。まれに平日、特別な礼拝をもっている教会もあります。オフィス街で昼休みの時間に開かれている短い礼拝などは、その例です。しかし、普通週の半ばにもたれている集まりは、「祈祷会」「聖書研究と祈り会」といった集会で、水曜日とか木曜日の夜に開かれます。これは、どちらかといえば信徒向けの集会ですが、初めての人が参加できないということではありません。教会によっては、昼間（たいていは午前十時とか、十時半）に同じような集会が開かれています。教会の建物の中ではなく、信徒の家庭を開放した「家庭集会」が、案外近くで開かれているかもしれません。

教会へのアプローチは、そのような「集会」に出ることだけではありません。初めて足を踏み入れる教会で、見知らぬ人たちの中に入っていくことに心理的な抵抗がある方は、あらかじめ牧師と個人的にお話しなさったらいかがでしょうか。電話やメールで「教会に行ってみたいけれど、礼拝や集会に出席する前に、牧師先生とお会いしたい」と伝えれば、時間をとってくれるでしょう。

5　何を持って行ったらよいのか？

教会の場所も礼拝の時間、集会の時間もわかったら、後は「行く」ことです。そこで気になるのは、何を持って行ったらよいか、ということでしょう。基本的な答えは、「手ぶらでどうぞ」です。聖書や賛美歌は教会に備え付けがあります。礼拝で献金のカゴが回ってきたりしても、自由ですから、さりげなく次の人に回せばよいのです。ですから、これを持って行かないと困ると言えるものはありません。

もちろん、手もとに聖書があれば、それを持って行ったらよいでしょう。実は「聖書」といっても、日本語の翻訳が複数あります。私たちが読んでいるのは新日本聖書刊行会翻訳の「聖

書 新改訳２０１７」ですが、広く用いられている聖書として、ほかに「聖書 新共同訳」や「聖書協会共同訳」と呼ばれている聖書（いずれも日本聖書協会発行）があります。教会によってどれを用いているかわかりませんが、内容に大きな違いがあるわけではありませんから、どれを持って行っても問題ありません。ページが違っていたり、訳文の違いがあったりして、戸惑うようでしたら、教会に備えてある聖書を借りたらよいでしょう。

礼拝に出てみると、「説教」を一生懸命にノートに書き記している人を見かけるかもしれません。別にそうしなければいけない、ということではありません。しかし、メモくらいとれるよう用意しておくのも一案です。

教会に出かける前の準備はそれくらいにしましょう。あとは、とにかく出かけることです。

第二章　教会の礼拝

教会というところでは、様々な「活動」が行われています。いろいろな集会があります。その中で最も大切な集まりは礼拝です。クリスチャンの家族や友人たちに誘われ、初めて教会に足を踏み入れる人が出席するのも、礼拝であることが多いと思います。

ですから、この章では礼拝とはそもそも何なのか、礼拝ではどのようなことをするのか、そういったことをお伝えしましょう。

1　いつ礼拝はもたれているのか？

前の章で触れたように、礼拝は日曜日にもたれるのが普通です。十戒（出エジプト記二〇章八節）に、「安息日《あんそくにち》を覚えて、これを聖なるものとせよ」とあります。続いて「六日間働いて、あなたのすべての仕事をせよ。七日目は、あなたの神、主の安息である。あなたはいかなる仕事もしてはならない」と記されています（二〇章九―一〇節）。

旧約聖書の時代、そして現代でもユダヤ人は、七日目、つまり土曜日を安息日としています。それは神ご自身が「六日間」で世界を創造し（二十四時間の一日×六かどうかは議論がありますが）、七日目を聖なる日とされたからです。六日間は働いても、七日目は一切の労働を休んで、神に心を向けて一日を過ごすよう命じられたのです。万物を創造した神、私たちを救ってくださる神を讃《たた》え、礼拝する日として安息日が与えられたのです。

キリスト教会はかなり早い時期から、この安息日を日曜日とするようになりました。日曜日を特別な時とし、「週の初めの日」に礼拝の時をもつようになったのです（使徒の働き二〇章七節）。それは、日曜日の朝、イエス・キリストが復活したからです。十字架で死んでよみがえられたキリストによって救いが実現したので、日曜日が、神に心を向けて生きる日としてよりふさわしいものとなったのです。

ですから、キリスト教会では礼拝は日曜日というのが一般的ですが、中には（たとえば、セブンスデー・アドベンチスト教会という団体のように）、十戒を今も文字どおり守るべきであると考え、土曜日に礼拝を守る教会もあります。

その一方で、多忙な現代の生活に合わせようとして、日曜日以外の日にも礼拝を行う教会もあります。少しでも多くの人が大切な礼拝に出席できるようにという配慮は評価できますが、人の都合に合わせて礼拝の時間を設定することは、神を中心とする礼拝の精神に矛盾するようにも思えますから、難しいところです。

教会にこれから行こうとしている方々には、いろいろな曜日に礼拝があったほうが好都合と思われるかもしれませんが、礼拝は本来日曜日にささげるものだということは、心に留めておいてください。

2 礼拝とは何か?

礼拝とは何なのでしょうか。一言で言えば、「神を神とする」ことであると言えましょう。「礼拝」を意味する英語はworshipですが、この語は「価値あること」といった意味のworthshipに由来すると言われています。つまり、神は最高に価値ある方ですから(もちろん神を私たちが評価できるということでは決してありませんが)、その神にふさわしい価値を帰していくということなのです。

私たち人間は神の「かたち」として造られましたが、神に背き、神から離れてしまいました。その現実を聖書は「罪」と呼んでいます。私たちは生まれながらにして罪人で、神を神として認めません。神の存在を真っ向から否定することもありますし、神の代わりに、人間が作った偶像の神、神々を拝むこともよくあることです。「偶像」というと木や石などの像を思い浮かべるかもしれませんが、お金、名誉、出世、快楽といったものも偶像になります。自己中心の私たちは、自分自身をも偶像にします。私たちはそのような偶像に支配され、その前に「ひざを屈めて」しまっているのです。

ですから、神を礼拝するにしても、神のほうから、真の神の姿を教えていただかなければ、私たちは偶像を拝むことになります。そこで、聖書から、神がどのような方か、教えてもらう必要があります。聖書によって神のことが本当にわかったら、私たちは、この方に礼拝をささげずにはいられなくなるでしょう。

それでは、聖書が教える神はどのような方なのでしょうか。最も大切なことを三つ挙げるなら、第一に、神は天地万物を創造した方だということです。旧約聖書は「はじめに神が天と地を創造された」という宣言から始まります（創世記一章一節）。確かに、見事なデザインでできているこの宇宙が、偶然にできあがったとは考えられません。私たちには測り知ることのできない偉大な知恵と力をもった神が、この宇宙とそこに存在する一切のものを創造したと考えるのは理にかなっています。

もちろん宇宙ばかりでなく、私たち人間も神に造られました。あなたも私も神によって造られたもの、被造物なのです。ところで、造られたものには、造った者の意図、目的があります。

テレビにはテレビの目的、洗濯機には洗濯機の目的があり、設計者の意図と別のことを期待することはできません。同じように、人間も神によって造られたものですから、造られた神の意図にそうのが、本来のあり方です。そしてその意図にそって生きることは、私たち人間に深い満足と喜びをもたらします。

その意図、目的の中心にあるものが神を礼拝することです。神を喜び、神を愛し、神のすばらしさを讃えること、神に心からの感謝をささげること、それが礼拝です。それが、私たちが存在する目的であり、私たちの生の土台です。神の被造物である私たちが、偉大な創造主でいらっしゃる方の前にひれ伏し（文字どおり床にひれ伏すわけではありませんが）、礼拝をささげることこそ、人間本来のあり方なのです。ですから、神への礼拝を欠いた人生は空しいものとなります。お金や地位や健康など、一切のものが備わっていても、本来のあり方から外れてしまっているので、空しいのです。

一般に日本人の「神」観は曖昧です。また、人間が死ぬと神としてまつられるという宗教的土壌がありますから、神の偉大さといってもなかなかピンとこないかもしれません。しかし、神が万物の創造主であるとすれば、偉大な知恵と力をおもちのはずです。そして、私たちはすべてのものをこの方に負っています。そもそも神がおられなければ、私たちは存在しませんですから、私たちは創造主である神を礼拝するのです。

第二に、聖書は、この偉大な神が愛とあわれみに満ちた神であると教えています。神は単に偉大なパワーをもった存在ではなく、父親や母親のような慈愛をもって私たちをいつくしみ、私たちに愛を注いでいてくださる方です。その愛のゆえに、神に背いていた私たち人間を救う道、私たちの罪を赦す道を開かれました。そのためにイエス・キリストを遣わされたのです。神でいらっしゃる方がひとりの人となって、被造世界に入って来られたのです。そのキリストは私たちの罪をすべて負って十字架で死に、三日目によみがえられました。神がそれほどまで私たちを愛してくださっていることがわかると、神に感謝と賛美をささげずにはいられなくなります。神の圧倒的な愛に触れると、私たちは礼拝したいと思うようになるのです。

しかしまた、第三に、この神はきよい神、義にして聖なる神です。私たちは、神の愛を単なるセンチメンタルなものと考えやすいのですが、それは間違いです。神はいつもやさしく私たちの願いを聞いてくれる便利な神、私たちが好き勝手に「利用」できる存在ではありません。神は絶対的な方であり、悪を悪としてさばかれる方です。罪人の私たちが本来近づくことのできない聖なる方なのです。そのような方でありながら、私たちを救うために大きな犠牲を払われたのです。

神がそのような方であることがわかってくると、私たちは神に親しみを感じながらも、「なれなれしく」なるのではなく、恐れを抱きつつ神を礼拝しなければと思います。実際、聖書の中にも、神に「触れる」ような経験をした人々のことが出てきますが、彼らはその栄光の前にひれ伏しています。暗い部屋の中ではわからなくても、まぶしい太陽に照らされると、汚れが目立つという経験をしますが、それと同じように、神の光に照らされると、人間は自分の罪深さがあまりにも明白になってしまい、恐れを覚えるのです。そして、そのような自分が赦され、神に近づき礼拝をささげることのできることを驚き、感謝するのです。

3　礼拝のプログラム

礼拝がこのようなものであるとわかれば、プログラムの内容も、おのずから理解できるでしょう。礼拝の内容や順序は、教会によって違います。長い歴史をもつ年配者の多い教会と、近年始まった若者中心の教会では、けっこう違いがあります。しかし、伝統的なプロテスタント教会に共通して見られるものを挙げておきましょう。あまり形式ばらない礼拝でも、その基本にあるものは変わりません。

（礼拝のプログラムは、普通「週報」に載っています。週報は礼拝堂の入り口の受付で渡されます。毎週教会に来ている人たちは、各人専用の「ボックス」から取ります。教会によってはプログラムが、礼拝堂の正面にプロジェクターで映し出されることもあります。）

(1) 前奏、後奏

礼拝はたいてい「前奏」で始まり、後奏で終わります。

私たちは、オルガンやピアノで前奏が奏でられる間、祈りをもって礼拝に備えます。万物の創造者にして聖なる神、しかも私たちを愛し、罪から救い出してくださる神のことを思い巡らしつつ、礼拝に集えたことを感謝します。また自分の罪を思い、心の中で告白します。さらに説教者をはじめ、この礼拝で奉仕する人々のために祝福を祈ります。

後奏は、礼拝の最後に静まる時です。後奏を聴きながら、礼拝をささげることができたことを感謝したり、神への献身の思いを伝えたり、説教で教えられたことを実行できるよう願い求めたりします。

(2) 招詞

多くの教会では、前奏の後に「招詞《しょうし》」が読まれます。私たちを礼拝に招く聖書のことばが読まれるのです。たとえば、旧約聖書の詩篇一〇〇篇は招詞としてよく用いられます。

「全地よ　**主**に向かって喜びの声をあげよ。

喜びをもって**主**に仕えよ。
喜び歌いつつ御前に来たれ。
知れ。**主**こそ神。
主が　私たちを造られた。
私たちは主のもの　主の民　その牧場の羊。
感謝しつつ　主の門に
賛美しつつ　その大庭に入れ。
主に感謝し　御名をほめたたえよ。
主はいつくしみ深く
その恵みはとこしえまで
その真実は代々に至る。」

また、イエス・キリストのことば（たとえばマタイの福音書一一章二八節）が読まれることもあります。

「すべて疲れた人、重荷を負っている人はわたしのもとに来なさい。

わたしがあなたがたを休ませてあげます。」

(3) 賛美

続いて賛美がささげられます。神をほめたたえる賛美歌が、礼拝のプログラムの中で何回か歌われます。最初の賛美、説教の前後の賛美、最後の賛美といった具合です。聖歌隊などによる「特別賛美」が用意されていることもあります。最後の賛美は、他のものと区別され、「頌栄」と呼ばれるのが普通ですが、これも、三位一体の神を讃える短い賛美歌です。(「特別賛美」の後、拍手をしたりすることがありますが、演奏会ではありませんから、控えたほうがよいでしょう。)

神によって造られた私たちですから、賛美歌を歌うのが「好き」という人がけっこういます。厳密に言えば、賛美は信仰をもってささげられるものです。だからといって、「自分はまだ信じていないから歌ってはいけない」と思う必要はありません。ぜひ賛美に加わってください。共に賛美を歌ううちに、まことの神を礼拝し、賛美しつつ生きる幸いを知るようになるでしょう。

教会で歌う賛美歌は、神を信じて生きた人々が作り出してきたものです。実際、二千年にわたる教会の歴史において、神の偉大さや愛の大きさを讃える歌や、罪深く弱い私たちに対する神のあわれみを祈り求める歌がたくさん生まれてきました。私たちはその中から、その日の礼拝にふさわしいものを選んで歌うのです。

かつて賛美のために広く用いられた歌集は『讃美歌』や『聖歌』でした。しばらく前に新しい『讃美歌21』や『新聖歌』が出版されました。十年ほど前には『教会福音讃美歌』も誕生しました。所属している「教団」が独自に作成した賛美歌集を用いている教会もあります。若者たちが好んで歌うワーシップ・ソングでは、以前から『リビング・プレイズ』というものがありましたが、最近様々な歌が誕生しています。

普通教会の受付には新来者のために賛美歌集などが備えられています。どうぞ遠慮せずに借りてください（ついでながら、聖書も借りられます）。賛美の歌詞をプロジェクターで映し出してくれる教会も少なくありません。

(4) 祈り／祈祷

祈りもまた礼拝を形づくる大切な部分です。新来者が人前で祈るよう求められることはありません。祈りというものに慣れていないと、初めは戸惑うかもしれませんが、目を閉じ、心を合わせていただければと思います。

a　開会の祈り

普通、開会の祈りは司会者が祈ります。神をほめ讃え、罪を告白し、礼拝の上に祝福があるよう祈ります。特に説教者のために祈りがささげられることが多いと思います。

b　牧会の祈り

「牧会の祈り」というものが牧師や教会員によってささげられることもあります。教会に集う方々の様々な必要のために祈りがささげられるのです。特に病気の人々や困難にあっている人たちに、神が癒やしや助けを与えてくださるよう祈られます。教会学校や教会で開かれる集会や活動、予定されているイベントやプロジェクトのことが挙げられ、祈られます。さらに社会のこと、政治や経済のこと、世界の平和のこと、災害などで苦しむ人々のことなど、祈りは広範囲に及びます。

c　主の祈り

新来者でも、声に出して参加できる祈りがあります。それは「主の祈り」と呼ばれるものです。これは主イエスが弟子たちに教えられた短い祈りです。今も文語体で祈る教会が多いようですが、口語体に直して祈る教会もあります。ここには文語体の「主の祈り」を記しておきましょう。

天にまします我らの父よ。
ねがわくは御名《みな》をあがめさせたまえ。
御国《みくに》をきたらせたまえ。
みこころの天になるごとく、地にもなさせたまえ。
我らの日用の糧《かて》を、今日《きょう》も与えたまえ。
我らに罪をおかす者を、我らがゆるすごとく、我らの罪をもゆるしたまえ。
我らをこころみにあわせず、悪より救い出《いだ》したまえ。
国とちからと栄えとは、限りなくなんじのものなればなり。アーメン。

（祈りについて、また特に「主の祈り」の意味について知りたい方は、拙著『「祈りは初めて」という人のための本』〔いのちのことば社〕をお読みください。）

d　説教の前後の祈り

祈りは説教の前後にもささげられることがあります。説教者自身が祈ることも多いのですが、説教後に説教に対する「応答の祈り」を出席者がささげる教会もあります。複数の人が祈ることもあります。説教前には説教を通して神のみこころを悟ることができるよう祈ります。説教後には教えられたことの感謝や、教えられたことに従って生活できるようにという祈りがささげられます。これもまた大切な祈りです。

e 礼拝や献金の感謝

礼拝では普通、献金をささげます。献金については後ほど説明しますので、ここではそのときささげる祈りのことだけ述べることにしましょう。

この祈りは献金をささげる前に祈ることもありますが、どちらかといえば献金の後にするのが普通です。祈りの内容は、礼拝そのものに対する感謝、献金をささげることができたことの感謝、献金が神のみこころに従ってふさわしく用いられるようにといった願いです。

「献金がささげられて感謝」というと、初めての人はちょっと不思議な感じがするかもしれませんが、後述するように献金というものの意味がわかると、それをささげることができること自体感謝なことになるのです。

この祈りは普通、礼拝当番とか献金当番といった係りの人がささげます。

f　祝祷

最後の祈りは「祝祷」です。会衆（出席者全体）が最後の賛美である頌栄をささげ、続いて、普通は牧師が祝祷をささげます。典型的な祝祷は、新約聖書のコリント人への手紙第二、一三章一三節からとられたものです。そこには「主イエス・キリストの恵み、神の愛、聖霊の交わりが、あなたがたすべてとともにありますように」とあります。「主イエス・キリストの御恵《おん》み、父なる神の御愛《おん》、聖霊の御交《おん》わりが、会衆一同とともにあらんことを」といったように、文語的な表現で祈る牧師もいます。

聖書の他の箇所からの引用で祝祷をささげることもあります。

「**主**があなたを祝福し、あなたを守られますように。
主が御顔をあなたに照らし、あなたを恵まれますように。
主が御顔をあなたに向け、あなたに平安を与えられますように。」

（旧約聖書、民数記六章二四—二六節）

「あらゆる恵みに満ちた神、すなわち、あなたがたをキリストにあって永遠の栄光の中に招き入れてくださった神ご自身が、あなたがたをしばらくの苦しみの後で回復させ、堅く立たせ、強くし、不動の者としてくださいます。どうか、神のご支配が世々限りなくありますように。アーメン」（ペテロの手紙第一、五章一〇―一一節）。

これまで述べてきたあらゆる祈りに当てはまることですが、祈りはいつも「アーメン」ということばで終わります。これは旧約聖書の原語であるヘブル語に由来するもので、「本当に」といった意味です。祈った人ばかりでなく、礼拝に出席している他の人々も「アーメン」と唱和するのは、祈りに対して「そのとおりです」「私もそう願います」「本当にそのとおりになりますように」といった思いがあるからです。ですから、軽々しくこのことばを唱えてはいけませんが、礼拝に初めて出席した人でも、ささげられた祈りに共感を覚えるなら、「アーメン」と言ってよいでしょう。

⑸　聖書朗読、聖書交読／交読文

礼拝の中では必ず聖書が読まれます。司会者が読むことが多いのですが、出席者（会衆）のだれかが代表して読むこともあります。読まれるのは、その日の説教のテキストとなる（説教で取り扱われる）箇所です。また、それに加えて、教会暦にそって、聖書が朗読されることもあります。最初のほうで述べた「招詞」も聖書朗読の一つです。

礼拝の大切な要素は、神のことばに耳を傾けることです。「聞け、イスラエルよ。**主**は私たちの神。**主**は唯一である。あなたは心を尽くし、いのちを尽くし、力を尽くして、あなたの神、**主**を愛しなさい」（申命記六章四―五節）とあります。旧約聖書の時代から今日に至るまで、神の民は「聞きなさい」と言われる神の語りかけに耳を傾けてきました。

私たちは、聖書を読むということに慣れています。しかし、聖書は本来聞くものでした。読むときは、活字を目で追う自分が中心になります。いつでも読めるということで、気持ちも散漫になるかもしれません。しかし、聞くときは、聞くことに集中しなければ、聞き落としたことばを取り戻すことはできません。また、「聞く」ということは「聞き従う」ことにつながります。そのようなわけで、聞くということは大切なことなのです。

聖書朗読以外に、「聖書交読」とか「交読文」といったものを礼拝のプログラムに入れている教会もあります。これは、司会者と会衆が交互に聖書を読むものです。『讃美歌（21）』や『（新）聖歌』にある交読文は、聖書のことばを交読しやすいように編集してありますので、それを用いることもありますし、聖書そのものを一節ずつ交互に読んでいくこともあります。奇数節で終わる場合、最後の節は司会者と会衆が一緒に読みます。

いずれにせよ、正しく読むことだけに気を取られてしまうのでなく、ことばの意味を味わいながら読みたいものです。交読を通しても、神は私たちにお語りくださいます。

(6) 説教（宣教）

礼拝において最も多くの時間をさくのは、説教（宣教）でしょう。そのため、礼拝を聖書講演会のように考え、その他のプログラムを付け足しのように思うなら、それは間違いです。神を礼拝することの重要な要素の一つが、神のことばに耳を傾けるということにあるので、確かに説教は重要です。しかし、「礼拝に遅刻したけれど、説教に間に合ったからよかった」といった態度は正しくありません。

もっともそのように言ったからといって、逆の極端に走って、説教を軽んじることのないようにしていただきたいと思います。説教は、聖書を説き明かすことです。聖書において明らかにされている神のみこころを、現在の私たちの生活に適用して語ることです。説教を語ることを、「神のことばを語る」と表現するのはそのためです。ですから、確かに説教は重要なのです。

普通は、聖書の意味を正しく理解できるよう専門的な訓練を受けた牧師や宣教師、伝道者といった「教職者」が説教を担当します。旧約の預言者エレミヤは、「わたしがあなたを遣わすすべてのところへ行き、わたしがあなたに命じるすべてのことを語れ」という神のことばを聞きました（エレミヤ書一章七節）。同じように、説教をする使命とそれを実行するための賜物を神からいただいた者たちが説教をするのです。しかし中には、それほど専門的な訓練を受けていない人でも、自由に聖書から教えられたことを語るのを認めている教会もあります。教職者がする説教と、一般の信徒の聖書からの話を区別して、後者を「奨励」「証し」「感話」などと呼んでいるところもあります。

日本の教会では、説教をノートにメモしながら聞く姿をよく見かけます。確かに聴いたことをしっかり覚えておくための努力はすばらしいことです。週報にメモ欄を設けている教会もあります。その日の説教のアウトラインが、週報に印刷されている教会もあります。

いずれにせよ、聞き流してしまわないよう、心にしっかり留めてください。説教の前に、礼拝の前に、次のようなお祈りをすることをおすすめします。「神さま。どうぞ、今日の説教を通してあなたのことを教えてください。あなたが私の心にお語りください。説教者を祝福してお用いください。私が教えられたことを実行できるよう、助けてください。」

(7) 献金

教会に初めて行かれる人は、献金にどのような思いをもたれるでしょうか。「礼拝に参加させてもらったから、良いお話（説教）を聞かせていただいたから、喜んで献金したい」と思う方もおられるでしょう。しかしまた、「教会に来てまでお金か？」と抵抗を覚える人もおられるかもしれません。

そもそも、どうして礼拝の中で献金をするのでしょう。それは神に対する感謝と献身を表すためです。感謝と献身ですから、礼拝という場が最もふさわしいのです。

私たちはもともと神に造られたものであって、私たちの命も財産も、すべて神によって与えられたものです。この事実を忘れてしまいがちですが、私たちはすべてのものを神から受けているのです。ですからもともと神のものであるもの、神から自分に託されているものを、感謝しつつ神にお返しする、それが献金です。

したがって、献金は教会の入場料、説教を聞くための受講料、会費といったものではありません。そのような印象を与えてしまわないよう、献金に関する説明を簡単にしてから、カゴを回す教会もあります。

礼拝のプログラムの中で、献金をどこでささげるか、教会によって違います。おおまかに言って、説教の前と後に分かれます。私の印象では、欧米の教会では説教の前、日本の教会では後にささげることが多いようです。なお、献金をする前か後に「(献金) 当番」の人が、「感謝の祈り」をささげるのが普通です。

献金はあくまでも自主的、自発的なものです。ですから、「どれくらいが相場ですか」と聞かれると困ります。標準とか相場とかいったものがあるわけではありません。聖書の中にも、

「一人ひとり、いやいやながらでなく、強いられてでもなく、心で決めたとおりにしなさい。神は、喜んで与える人を愛してくださるのです」とあります（コリント人への手紙第二、九章七節）。この自発性が大事です。その精神を重んじて、献金のカゴ／箱を礼拝の中で回すことをせず、礼拝堂の入り口に置いておく教会もあります。

(8) 聖餐式

教会には多様性があります。それぞれの教会の伝統や慣習、考え方があるのです。この聖餐式についても、いろいろな考え方があります。礼拝の中で行う教会、礼拝をいったん閉じてから行う教会、礼拝とはまったく別にする教会など、様々です。しかし、やはり礼拝と結びついた形で行うところのほうが多いようですから、この章で取り上げておきましょう。

聖餐式は、「主の聖餐」「主の食卓」「主の晩餐」などとも呼ばれ、洗礼（バプテスマ）式とともに教会の「礼典」として重んじられてきました。この二つが、私たちが神の恵みを豊かに受ける場として、主イエス・キリストご自身が設けてくださったものだからです。

聖餐については、十字架で死なれる前の晩、弟子たちとなさった「最後の晩餐」の席で語られたことばが、次のように伝えられています。

「主イエスは渡される夜、パンを取り、感謝の祈りをささげた後それを裂き、こう言われました。『これはあなたがたのための、わたしのからだです。わたしを覚えて、これを行いなさい。』食事の後、同じように杯を取って言われました。『この杯は、わたしの血による新しい契約です。飲むたびに、わたしを覚えて、これを行いなさい。』ですから、あなたがたは、このパンを食べ、杯を飲むたびに、主が来られるまで主の死を告げ知らせるのです」（コリント人への手紙第一、一一章二三―二六節）。

このことばからわかるように、聖餐式はイエス・キリストが十字架で死なれたことを覚えるためのものです。なぜ、そうするかと言えば、罪のないキリストが私たちの罪を負って、私たちの代わりに死なれたため、私たちの罪が赦され、私たちは神のもとに立ち返ることができるようになったからです。神と和解させていただき、神の子として生きることができるようになったのです。十字架で裂かれたキリストのからだを象徴とするパンと、流された血を象徴するぶどう酒（多くのプロテスタント教会では、アルコールの入っていないぶどう液）を、共にいただくことを通して、十字架という大きな犠牲を払ってくださったキリストの愛を思います。罪から救われた喜びを噛《か》みしめるのです。そこにキリストがいてくださることを体験するのです。

このように、聖餐式はキリストを信じた者たちが共にあずかるものです。ですから、キリストに対する信仰を告白した者だけが参加することが許されます。ほかでは何も区別されないのに、聖餐式でパンとぶどう液が回ってくる段になると、「まだ洗礼を受けていない方はご遠慮ください」とか、「キリストを信じておられない方はお控えください」と言われることになります。ですから、「教会は初めて」という方は、パンやぶどう液の入った杯を取ることはできません。

これは決して「外部の者」を差別しようということではありません。聖餐式の本質からして、そうした「枠」を設けざるをえないのです。そのため、教会によっては、礼拝をいったん閉じてから、改めて聖餐式をもつとか、まったく別の時間帯に設けたりするところもあります。しかしおそらく、より多くの教会では、求道中の方や新来者もおられるなかで聖餐式を行っているでしょう。それは、そのような方々にも「主の死を告げ知らせる」という目的があるからです。聖餐にあずかる私たちは、その場に交じっているクリスチャンでない方々が、一日も早く信じて、聖餐式を共にすることができるよう、願っているのです。

(9) 洗礼(バプテスマ)式

キリスト教会には「洗礼(バプテスマ)」というものがあることは、広く知られていると思います。最後に、聖餐式と並ぶ「礼典」である洗礼式について説明しましょう。

教会は初めからキリストを救い主と信じた者に洗礼を授けてきました。初代教会の歩みを記した「使徒の働き」によれば、信じた者たちはただちに洗礼を受けています。最初の信者たちはユダヤ人でしたから、すでに天地万物を創造した唯一の神を信じていました。そして神が約束されたメシア（＝キリスト）の到来を待ち望んでいました。あとはイエスという方がそのメシアであると信じればよいのですから、信じた者たちがすぐに洗礼を受けても、決して性急ではなかったのです。

日本人である私たちの場合は、そういうわけにはいきません。神観からしてまったく異なるのですから、神が万物の創造者であり、唯一の神であることから始めて聖書的な世界観を学んでいく必要があります。そうでないと、同じ「神」とか「救い」といったことばを用いていても、内容がまったく違っていて、異教の教えにキリスト教用語をちりばめたような信仰になりかねません。ですから、日本の教会では普通、「信じたから洗礼を受けたい」と言っても、すぐには授けてもらえません。一定期間、「洗礼準備クラス」の学びをし、審査を受けなければならないのです。

ごくまれに、初めて教会に来られた人に、よくまだ理解していないにもかかわらず、「信じます」と言えば、その場で洗礼を授ける教会があると聞きます。それは極端なケースで、普通はそのようなことはありませんから、「教会に行ったら、すぐに洗礼を受けるよう言われるのではないか」と心配せずにおいでください。万が一、そのようなことを求められたら、「まだよくわからないから」とお断りになればよいのです。

そこで本題ですが、そもそも洗礼とは何なのでしょうか。キリストを信じた人々はなぜ洗礼を受けるのでしょう。それは、一言で言えば、これまで神から離れて生きていた自分に死んで、神を中心として生きる新しいいのちに復活したことを象徴的に表現するものです。キリストは十字架で死に、三日目によみがえられました。「浸礼」と呼ばれる洗礼では、受洗者の身体は水の中に沈み、そして水から上がります。それは古い自分がキリストとともに死に、キリストとともに新しいいのちに復活したことを表しているのです。

そのようなわけで、浸礼を行う教会では、礼拝堂に「洗礼槽」と呼ばれる水槽を設けています。洗礼槽がなければ、近隣の教会を借りたり、川や海で洗礼式を行ったりすることもあります。

こうした浸礼だけが有効な洗礼であるとする教会もあります。「バプテスト教会」と呼ばれる教会がその代表的なものです。「バプテスト」という名称は聞き慣れないかもしれませんが、ギリシア語で洗礼を意味する「バプテスマ」ということばと関係しています。他の形式で洗礼を受けた人がバプテスト教会に加わろうとすると、浸礼による再度の洗礼を求められることもあります。

さて、その「他の形式」ですが、それは「滴礼」と呼ばれています。洗礼はもともと人がキリストによって救われたことを象徴的に表しているので、象徴性を一歩進めて、水を頭につけるという形で授けます。滴礼も広く行われている形式です。浸礼を行う教会でも、病気の人や高齢者には滴礼を授けます。

もう一つ意見が分かれる問題に「幼児洗礼」があります。クリスチャン・ホーム（両親がクリスチャンの家庭）に誕生した子どもに洗礼を授けることは、カトリック教会で長く行われてきましたし、プロテスタント教会でも継承されてきました。それは、信者の家庭の子どもたちが神の民の一員であり、神が人の救いのために用意してくださった「恵みの契約」というものに、彼らもあずかっていると考えられるからです。幼児洗礼を受けた子どもが自ら信仰を告白するまで、両親や教会は責任をもって祈り指導します。自ら信仰を告白することになった者については、それを公にし、正式に教会員として認められる「堅信礼」とか「信仰告白式」といった式を行います。

しかし、バプテスト系の教会など、洗礼はあくまでも信仰を告白した者のみが受けるべきであるとして、幼児洗礼に反対するプロテスタント教会もあります。「信者の洗礼」こそ新約聖書に描かれた洗礼の姿であると考えるのです。その考えに立つ教会は、クリスチャン・ホームに誕生した子どもたちのために「献児式」を行います。それは両親が子どもを神にささげ、かつ神から委ねられたものとして、祈りをもって育てていくことを誓約する式です。

礼拝についての説明が長くなりましたが、最後に一言。礼拝は私たち人間が神にささげるものです。同時に、聖なる神を礼拝できるのは神の恵みであり、私たちに与えられた特権です。神に造られた私たちにとって礼拝にまさる時はありません。ですから、「気が向いた時だけ行く」とか、「都合の良い時だけ行く」というのではなく、ぜひ毎週出席するよう、心がけてください。神の前に出ることは実にすばらしい祝福となります。

第三章　教会の活動

教会というところでは、礼拝以外にどんなプログラムや活動が行われているのでしょうか。実は、教会によって様々で、呼び方もいろいろあるのですが、最大公約数的なところで情報をさしあげたいと思います。

1　祈祷会／祈り会

多くの教会が日曜日の礼拝とともに重んじている集会は、週の半ばにもたれている「祈祷会／祈り会」です。名前からすると、お祈りだけする集まりのように思われるのかもしれませんが、賛美歌を歌ったり、聖書の学びをしたり（多くは牧師による説教ですが）、お互いの近況報告や証し（信仰生活の体験を中心にした話）を分かち合ったりします。それで「聖書研究と祈りの集い／みことばの学びと祈りの集い」といった長い名称で呼んでいる教会もあります。

私が以前招かれた教会では、水曜夜の集会に「セブン・ヘブン」という名前がついていました。夜七時から始まる集まりで、「ヘブン」（天国）の前味を味わうことのできる場だということで、このような名がつけられたのでしょう。名前はいろいろありますから、これから行かれる教会で、週半ばの集会がどのようなものであるか、お尋ねください。

このような集会をもつのは、幸いなクリスチャン生活を送るためには、聖書から学んだり、互いに祈り合ったりする必要があるからです。実際には仕事や家事、勉学などの忙しさから時間がとれず、日曜ほどには集えないのですが、週半ばの集会にも多くの人々が集まって来る教会もあります。

「祈祷会／祈り会」とあることから、信者向きの集会と思われるかもしれません。確かにそうですが、求道中の方や新来の方が出席してはいけないということではありません。日曜日は大勢の人が来るので、だれがだれだかわからないという教会でも、週日の集会は少人数なので、案外親しくなれるものです。ですから、信者向きときめつけないで、一度参加してみたらいかがでしょうか。初めて参加した集まりが祈り会。そこからやがて信仰をもち、洗礼を受けた方もおられます。

「祈祷会／祈り会」という名のついた集会を、ほかにも開いている教会があります。私がかつて牧師をしていた教会には、平日の朝六時半から三十分ほど「早天祈祷会」がありました、賛美歌を歌い、聖書を短く学び、教会で発行している「祈りのしおり」を使って祈っていました。職場や学校に出かける前に、ちょっと教会に寄って祈っていくという人たちがおられたのです。

とにかく「まだ自分はよくわからないから」と遠慮せず、こうした集まりに参加してみたらよいと思います。教会の原動力、クリスチャン生活の原動力は祈りにあります。「教会は初めて」という人でも、最初からこのような集会に出られたら、教会の営みの中心にふれることができて、きっとプラスになるでしょう。

2　教会学校／日曜学校

次に紹介したいのは、「教会学校／日曜学校」です。日曜礼拝の前後、あるいは礼拝と並行してという教会もあるでしょう。聖書の学びを中心にしてもたれる集まりがあります。「教会学校」というと、しばしば幼児から中高生までのプログラムと理解されますが、成人のための教会学校を開く教会もあります。礼拝では時間の制約があってなかなか学べない、聖書の組織的な学びができるからです。もっとも学びの内容は教会によって多種多様ですから、どの時間帯にどのような学びをしているかは、それぞれお尋ねください、たぶんこの本をお読みになる方は大人でしょう。お子さんをおもちの方もおいででしょう。そのような方々におすすめします。ぜひお子さんを教会学校に参加させてください。同年代のお友だちができますし、夏のキャンプ、クリスマスなど楽しく有意義なプログラムがあります。そしてもちろん、一番大切なことは、幼いうちから、私たちを創造なさった偉大な神の愛を知り、その神を信頼して生きることを学ぶことです。それによって、お子さんたちもすばらしい人生の土台を築けると思います。

教会学校の先生は普通、教会によって任命された信徒の方々で、ボランティアでその働きをしています。牧師の指導のもとに年間計画を立て、祈りをもって、また知恵をしぼって聖書を教えてくれます。牧師のほかに、教会学校に専念するスタッフ（教育主事など）がいる教会もありますが、数は限られています。

教会学校に参加する生徒たちから、会費を徴収する教会もたまにありますが、たいていは無料です（運営の費用は教会全体で予算化します）。ただし、教会学校の中でも礼拝がもたれ、そこで献金がささげられ、それが運営その他のために用いられることは普通行われています。大人の礼拝での献金もあくまでも自発的なものであったように、子どもの礼拝でも献金は自由です。クリスチャンの家庭では、子どもが小さい時は親が献金を渡しますが、ある程度大きくなり、自分のおこづかいをもらうようになると、その中から献金をささげるように励まします。

なお、教会によっては、日曜朝の教会学校以外に、土曜日とか、他の時間帯に子どものための集会をもっているところもあります。「○○子ども会」とか、「土曜学校」とか、「光の子会」、「○○クラブ」とか、ここでも名称は様々ですが、基本的な内容は同じです。

ところで、最初に述べたように、教会学校は本来子どものためにだけあるのではありません。大人のためのプログラムを用意している教会もあります。教会学校の成人科です。

3　求道者会／初心者（入門）クラス

教会によっては、初心者のための集会を用意しているところがあります。「求道者会」「入門クラス」「初心者クラス」といった名称で案内がなされていることでしょう。まさに『教会は初めて』という人のため」の集会ですから、ぜひ出席なさってください。聖書の基本的な教えを、わかりやすく解説してくれると思います。特に、クリスチャンが何を信じているのか、クリスチャンになるとはどういうことなのか、聖書に教えられている神はどういう方なのか、救いとは何かといったことを説明してくれるでしょう。

聖書そのものからお話があるかもしれません。また何か参考書を使って学ぶかもしれません。以前訪れた教会では、拙著『「キリスト教は初めて」という人のための本』（いのちのことば社）

をテキストに入門クラスをしておられました。

お話を聞くだけでもためになりますが、日ごろひっかかっている質問をするなら、さらに充実したものとなるでしょう。疑問に思うことがあれば、「こんな初歩的なことを聞いたら恥をかくのではないか」と思わずに、遠慮なくお尋ねください。この種の集会はあなたのためにあるのですから。

4 伝道集会

教会では「伝道集会」を開くことがあります。そこでは「伝道メッセージ」が語られます。「伝道」とは「道を伝える」ことですが、普通、キリスト教の福音、つまり神が私たちを救ってくださるという「喜びのメッセージを伝えること」を意味します。このような集会では、基本的な教えが語られますから、これも「教会は初めて」という人にぴったりの集会です。どうぞ積極的にご参加ください。「伝道」ということばを使わず、「特別礼拝／特別集会」「歓迎礼拝」といった言い方をしている教会もあります。

「伝道」の二文字があれば、みな初心者向けのものだと考えてかまいません。「伝道礼拝」と言えば、通常の礼拝の中で「伝道メッセージ」が語られます。「特別伝道集会」は、年に一、二回特別に計画された伝道集会です。

こうした集会では、その教会の牧師が説教することもありますが、外部から講師が招かれることも少なくありません。音楽ゲストが招かれたりもします。家族や友人を誘うため、また近隣の方たちを招くため、案内のチラシが用意され、配布されることもあります。もちろん、教会のホームページでも案内がなされるでしょう。

こうした集会では、説教のほかに、信徒の方が「私はこのようにしてクリスチャンになりました」といった体験談（「証《あか》し」と呼ばれます）をお話しすることもあります。「立派なクリスチャン」に見える人でも、求道していた時代があったことを知ると、クリスチャンの世界が身近なものになるでしょう。また、自分が抱いている疑問に対する答えが見つかるかもしれません。

こうした体験談や伝道メッセージ（説教）に、しっかり耳を傾けてお聞きください。お話の最中に手を挙げて質問するわけにはいきませんが、集会後、講師の先生に疑問に思う点をお尋ねになれば、喜んでお答えくださるでしょう。伝道集会で一歩信仰に近づいたとか、信じる決心ができたという人は、これまでたくさんおられました。

伝道説教はたいてい祈りをもって終わりますが、以前はそのお祈りの中で「招き」が行われました。「きょうのお話を聞かれて、キリストを信じたいと思われる方は手をお挙げください」などと意思表示の機会を提供するのです。最近はあまりそのような「招き」が行われないようですが、「信じよう」と思われたら、そのお気持ちを牧師や講師にお伝えになるとよいでしょう。あるいは、「新来者カード」「歓迎カード」といった、感想を書き込める紙が配布されていれば、そこに記入してもよいでしょう。

伝道集会、伝道礼拝には、ご自分が参加するだけでなく、キリスト教に関心のある方がおられたら、お誘いくださって、ぜひご一緒に出席なさってください。

5　家庭集会

「教会の敷居が高い」と言われることがあります。確かに扉の中に入るだけでも勇気がいるかもしれません。私自身もそうでした。

そこで多くの教会では、家庭集会が開かれています。教会堂ではなく、信者さんの家庭で開かれている集会です。週日の昼間ということもありますが、夜に開かれる集会もあります。数人、あるいはせいぜい十数人の集まりですから（クリスマスのようなときは特別に大勢集まることもありますが）、このような集会のほうが「初めて」の人は入りやすいかもしれません。

どこで、いつ開かれているかは、教会でお尋ねください。日曜礼拝で受け取る週報に、「今週の集会案内」とか「今週の予定」といった欄があって、そこに「○○集会」といった名称で記されています。町のどのあたりで開かれているかはわかっても、正確な住所や電話は、やはり聞いてみなくてはなりません。住所がわかればスマートフォンに「道案内」してもらえるでしょうが、その集会に行く人とご一緒できたら安心です。

家庭で開かれるのですから、形式ばらない集会です。もちろん普段着でかまいません。自分の聖書をお持ちなら、それを持って行かれたら十分です。賛美歌集は見せてもらえばよいでしょう。会場を提供しているご家庭には、感謝をことばで表せば十分で、何か持って行かなければと心配するには及びません。ときには、持ち寄りで会食したりすることもあるかもしれませんが。

家庭集会で何をするかは、その集会によって違いますが、基本的なことはそう変わらないでしょう。賛美歌を歌い、聖書を読み、聖書からお話があり、祈りや、生活の中で教えられたこと、祈ってほしいこと、感謝していることなどの報告（よく「分かち合い」と表現されます）がなされます。少人数だけに、新しく加わったばかりの人も気軽に自分のことを話せるかもしれません。みんなで心合わせて祈ってもらえるのは嬉しいものです。

時間が許すなら、こうした家庭集会にもぜひ出席なさってみてください。

6　四季折々の集会

四季折々、といえば春から始めるのが順当かもしれませんが、教会ですから、一番ポピュラーなクリスマスから始めましょう。

(1)　クリスマス集会

イエス・キリストの誕生をお祝いするクリスマスは、世の中全体の「行事」といってもよいくらい、広く祝われています（歳末商戦が便乗というところが、現実かもしれませんが）。笑い話のようですが、以前イギリスにいたとき、日本人の友人から、「教会でもクリスマスを祝うんですね」と言われたことがあります。

そうです。教会でも祝います。教会でこそ、本当のお祝いができるのです。「教会で迎えるクリスマスは初めて」とおっしゃる方は楽しみになさってください。

教会では十一月も後半になると、クリスマスの準備が始まります。（もっと早く始めるところもありますが。）　多くの教会では四週間前の日曜日に、四本のキャンドルを立て、礼拝中そのうちの一本に灯をともしておきます。週を追うごとに二本、三本と増えて、クリスマス礼拝の時には、四本全部ともします。このようにしてクリスマスを、救い主イエスさまの誕生を待ち望むのです。こうしたクリスマス前の数週間は「待降節（アドベント）」と呼ばれてきました。

キャンドルばかりではなく、様々な飾り付けをするので、普段は簡素な礼拝堂も華やいだものとなります。クリスマス・ツリーを飾る教会もあります。飾り物の色は基本的に緑と赤です。お気づきかと思いますが、この季節はデパートの飾り付けも包装紙も緑と赤になります。実はこの色には意味があるのです。赤は、私たちが救われるためにキリストが十字架で流された血、緑は、キリストによって私たちに与えられる永遠のいのちを表しています。

ですから、ただ「四大聖人」のひとりが誕生したからめでたい、というのではなく、私たちを罪から救ってくださる救い主が生まれてくださったから、お祝いをするのです。

クリスマス自体は十二月二十五日ですが、その直前の日曜日に、教会ではクリスマス礼拝をします。クリスマスにちなんだ説教が語られ、クリスマスの賛美歌が歌われます。街でも流れている「もろびとこぞりて」などを歌うのです。聖歌隊が特別の賛美をすることもあります。音楽ゲストを招いたり、普段と異なるプログラムを用意したりする教会もあります。

十二月二十四日夜には「イブ礼拝」。内容はクリスマス礼拝とそう変わりませんが、キャンドル・サービス（燭火礼拝）を行う教会もあります。礼拝堂のあかりを消して、ロウソクの灯

（防火上の理由から、最近ではキャンドル型の懐中電灯が用意されることもあります）をたよりに礼拝をささげます。これも単に雰囲気づくりのためではなく、罪の闇、死の闇、霊的な暗闇の中に光としてキリストが来てくださったことを表現しているのです。ヨハネの福音書一章四―五、九節に記されているとおりです。

「この方にはいのちがあった。このいのちは人の光であった。光は闇の中に輝いている。闇はこれに打ち勝たなかった。……すべての人を照らすそのまことの光が、世に来ようとしていた。」

以前に比べると少なくなったかもしれませんが、イブ礼拝の後、キャロリングに出かける教会もあります。最寄りの駅、教会員のお宅の玄関先、病院の中庭などで「きよしこの夜」をはじめとする賛美歌を歌い、クリスマスをお祝いするのです。

教会学校のクリスマス会では、子どもたちが衣裳をつけて降誕（誕生）劇を演じ、普段は教会に来ていない親御さんたちもそれを見に来られます。プレゼントが配られたり、交換されたりすることもあります。大きな教会では、婦人会、壮年会、青年会、中高校生会、それぞれに祝会が開かれます。家庭集会でもクリスマスのお祝いをするでしょう。教会全体が一堂に会して、クリスマス祝会を行うこともあります。コロナ禍ではできませんが、持ち寄りの会食をする教会もあります。そんなわけで、教会員は何回もクリスマスのお祝いをすることになります。

とにかくクリスマスは、楽しく有意義な時です。ただしケーキを食べ過ぎないように。

(2) 年末年始の集会

クリスマスが終わると、世の中は一気に年の瀬に向かいます。年末年始、教会にはあまり集まれないかもしれませんが、聖書の神は万物の創造主であり、歴史の支配者、時をつかさどる方ですから、クリスチャンにとって一年の終わりと始めは、やはり大切な時です。

以前は、大みそかに除夜祈祷会を開く教会もありました。年末の大掃除を早めにすませて教会に集まり、一年を振り返り、神の恵みに感謝したり、神を賛美したりしました。そしてお汁粉を食べながら年越しをする、といった具合です。（最近は大みそかに集会を開いても、早めに終わらせる教会が多いかもしれません。）

一夜開けて新年を迎えると、今度は新年／元旦礼拝です。一年の最初の日を、礼拝をもって始めるということは実に意義深いことです。そのとき語られた説教で取り上げられた聖書のことば（聖句）が、その年の教会の主題聖句になることもあります。

私が以前牧師をしていた教会では、元旦礼拝の後、残れる人たちでお汁粉を食べながら、新しい年の抱負を語り合いました。それは実に楽しい分かち合いでした。

お正月は地域で神社関係の行事があり、また家族親戚とお酒を飲む機会も多いということで、それを避けるためでしょうか、かつては新年早々泊まりがけで「新年聖会」を開く教会もありました。ずいぶん前の話ですが、山形の教会がいくつか集まって開いていた「新年信徒聖書学校」に招かれたことがあります。また、何回か講演をさせていただいた長野のキャンプ場では、年末から年始にかけて、三、四日泊まり込んでの新年聖会が行われています。新年は必ずそこで迎えることにしているという家族もおられました。

正月早々ではなく、一段落した第二日曜日、あるいは第三日曜日の午後、近隣の教会が一緒に集まって新年聖会を開くこともあります。いずれにせよ、新しい年の指標となる神のメッセージを聞こうと集まるのはとても意義深いことです。

一月、教会で成人のお祝いをすることもあります。教会は「神の家族」ですから、成人する若者の存在は教会全体にとって大きな喜びです。特に両親がその教会で結婚式を挙げ、家族として成長してきたような場合、喜びも格別です。出産の時に祈り、生まれた子の献児式や幼児洗礼に立ち会い、教会学校でずっと成長していく姿を見守ってきたわけですから、そのような子どもが成人したとなれば、わが子の成人式のように嬉しいものです。

これから人生の荒波に向かっていく若者たちのために神の祝福を祈る集まりは、一教会単独ではなく、いくつかの姉妹教会が一緒に開催することもあります。折にふれて集まってきた仲間たちが再会し、お互い励まし合う良い機会となります。

(3) イースター（復活祭）

イースターはキリストが十字架で死なれた後、三日目に復活なさったことを記念し、祝う時で、クリスマスと並んで重要な教会行事です。クリスマスに比べるとなじみがないという人が多いかもしれませんが、キリスト教信仰はこの復活を土台としていますから、まさるとも劣らず大切な祝いなのです。最近は、日本の社会でも知られてきているようで、近所のスーパーで「イースター・セール」の案内を目にしたときは、嬉しい驚きでした。

クリスマスは毎年十二月二十五日と決まっているのに対し、イースターは毎年変わります。イエス・キリストの誕生日は明らかではなく、太陽暦の冬至に太陽の復帰を祝っていたローマの祭りをキリスト教化したものがクリスマスとなったと言われています。そこで、日付は固定しているのです。（ただし、ロシア正教やギリシア正教など「東方の正教会では一月七日がクリスマスです。）一方、キリストが復活した日ははっきりしています。ユダヤの暦でニサンの月の十四日に祝われる過越の祭りの翌日、キリストは十字架で処刑され、その翌々日の早朝よみがえられました。それは日曜日でしたから、今日、ニサンの月の十四日の後の最初の日曜日がイースターとなります。私たちの太陽暦に換算すると、三月末から四月末の間になります。

イースター前の、日曜日を除く四十日間はレント「受難節」、イースターの日曜日の前の一週間は「受難週」と呼ばれています。それは、このときキリストが十字架を頂点とする苦難を受けられたからです。その金曜日は特に十字架にかけられた日ですから、「受難日／受苦日」として覚えられ、金曜の早朝や夜に受難日集会が開く教会もあります。新約聖書の福音書から受難の記事が読まれ、それに関連した説教が語られます。この集会の中で、聖餐式を行う教会もあります。

また、この受難日にたとえばバッハの『ヨハネ受難曲』などの演奏会が開かれることもあります。会場は教会というわけにはいきませんが。さらにまた、受難日に断食をしてキリストの苦難をしのぶクリスチャンたちもいます。

受難週からイースターへ。それは悲しみが喜びへ変わる一週間。私たちのために十字架で死に、よみがえられた主イエス・キリストと改めて出会う特別な時なのです。

(4) ペンテコステ（五旬節／聖霊降臨日）

復活したイエス・キリストは四十日間弟子たちに現れ、旧約聖書に基づいて、ご自分が成し遂げた救いの説明をなさいました。それから、エルサレムの東にあるオリーブ山で昇天し、もはや弟子たちの前に姿を現すことはありませんでした。ただ、やがてその弟子たちが神の霊、聖霊の注ぎを受けて変えられ、キリストのことを伝える「証人」となるという約束を残していかれました。

弟子たちは祈りを共にしながら、約束の実現を待ちました。はたして予告どおり弟子たちは聖霊を注がれる経験をし、力強くキリストの救いのメッセージを伝える者となっていきました。聖霊が注がれたのは、キリストが復活されたイースターから数えて五十日目、ギリシア語でペンテコステと呼ばれていた日でした。

ペンテコステが重要である理由は、この日に教会が誕生したことにあります。弟子たちは自分たちに天から聖霊が注がれる経験をし、すっかり変わりました。キリストが人間の罪のために十字架にかけられた神の子、救い主であることを、驚くほど勇敢に、力強く証しするようになったのです。それ以来今日に至るまで、この聖霊の働きによって多くの人々が導かれ、この聖霊の働きによって数多くの教会が誕生してきました。そのような聖霊を感謝し、私たちもあらためて聖霊に満たされることを求める機会として、ペンテコステも大事な時なのです。

(5)　その他の行事

これまで説明してきた行事は、いずれも聖書の教えの中心に関わるものでした。それと性格が少し異なりますが、教会によっては特別なプログラムを用意するいくつかの「日」があるので、手短に触れておきましょう。

まず五月の第二日曜日は「母の日」です。実のお母さんに感謝するのはもちろんですが、「教会のお母さんたち」に感謝を表したり、ちょっとした贈り物をしたりする機会となります。同様に「父の日」にも、お父さんがたに感謝を伝えます。こうした日は、教会学校の生徒たちが、プレゼントするものを作ることもあります。母の日にはお父さんがたが教会の台所に立ったり、父の日にはお母さんがたが何かをしたりする、という教会もあるようです。牧師も母に関するメッセージ、父にちなんだメッセージを語ることがあります。

比較的多くの教会が特別のプログラムを用意する日として、「敬老の日」も挙げられるでしょう。教会に出席しているお年寄りたちの存在を感謝し、同時に健康その他のために祈る機会となります。もちろん、お年寄りの豊富な経験に裏打ちされた話を若い世代の人たちが聞くのも有益です。だれもが老いていくのですから、牧師もこの機会をとらえ、聖書から老いることの意味を語ります。コロナ禍のもとではできませんが、皆で共に食事をしながら長寿を祝うことができたら、その姿はまさに大きな神の家族です。ただし、高齢化社会になり、お年寄りたちも元気な昨今、何歳以上を「高齢者」「お年寄り」と呼ぶかは、教会によってまちまちです。どこで線を引くか、難しいところです。

十月三十一日の「宗教改革記念日」はその名のごとく、十六世紀の宗教改革を記念する日です。この日もプロテスタント教会にとっては大事な日です。特に宗教改革の伝統を堅く守る教会は、記念の講演会を開いたり、教会の歴史を学んだりします。現代の教会が歴史を意識させられる日です。

こうした教会の行事にも遠慮せず参加なさってください。

7　その他の活動

これまでは主として教会の集会とか行事といったことを中心に紹介してきましたが、教会の活動はそれに尽きません。教会によって様々ですが、時折見受けられる教会の活動をいくつか挙げてみましょう。

キリスト教会は長く幼児教育に力を入れてきました。ですから、教会付属幼稚園（あるいは子ども園）のある教会は少なくありません。平日は教会の庭が幼稚園の庭となり、子どもたちが元気に遊ぶ姿が見られるでしょう。日曜日には教会学校の生徒として登園してきます。牧師が園長を兼ねている教会もありますし、別の方が責任をもつこともあります。また、認可された幼稚園や保育園とは別に、無認可の幼児教育プログラムをもっている教会もあります。名称は「幼児園」、「幼児クラス」、「小羊園」など様々です。さらに、幼稚園に入る前の幼い子どもたちとお母さんがたのための集まりをもっている教会もあるでしょう。もし小さいお子さんをおもちでしたら、そうしたプログラムに参加なさることをおすすめします。子どもの心を大切に育ててくれるでしょう。また小さいころの神に祈る経験は、人生に大きな力となるでしょう。

日本の教会の多くは欧米の宣教師によって始められたものですから、当然ながら英会話クラスが開かれている教会もあります。宣教師のバイブルクラス（英語で聖書を学ぶ会）で信仰をもつようになった人は少なくないと思います。教会によっては本格的な英会話スクールを運営しているところもありますが、多くの場合は週一、二回のクラスです。年配の宣教師が教えることもありますが、北米の教会などから一、二年という短期の約束で青年たちが教えに来ることもあります。彼らにとっても日本での生活は貴重な経験です。教会によって、プログラムの内容、費用その他まったく異なりますので、興味のある方は問い合わせてみてください。

教会ではバザーが開かれることがあります。近隣の皆さんに教会堂に足を踏み入れていただく貴重な機会です。教会員がボランティアで奉仕します。売り上げは、福祉関係に寄付されることもありますし、教会独自のプロジェクトに用いられることもあります。

スポーツやレクリエーション、あるいはクラブ活動などもまた、教会の「得意」とするところかもしれません。本格的なものとしては、ボーイスカウト、ガールスカウトがあります。多くはないでしょうが、少年野球チームやサッカー・チームを作っている教会もあります。アメリカには礼拝堂の隣地にジム（体育館）を建てて、そこに若者たちが出入りするという教会がありますが、日本ではなかなかそこまではいきません。

だいぶ前の話ですが、私が牧師をしていた教会では年に一回、幼児園の運動会を兼ねて教会運動会を開いていました。それほど本格的でなくても、青年たちが体育館を借りてスポーツ大会をする教会もあります。「温泉卓球」ならぬ「教会卓球」はけっこう盛んで、教会の一室に卓球台が置いてあるのをときどき見かけます。クリスチャンはスポーツもおおいに楽しみます。

教会の中で「婦人会」（最近では、「女性会」など様々な名前で呼ばれるようになっています）は、最も多彩な活動をしている集まりでしょう。先に挙げたバザーを中心的に実行するのもこの会です。子育て等をテーマにした講演会を開いたり、礼拝堂の内外を美しく飾るための奉仕をしたり、料理教室、手芸教室などが開かれたりもします。聖歌隊をはじめとするコーラス・グループも、しばしば女性たちが中心になっています。女性だけでなく関心のある皆さんはぜひ、そうした活動にも参加してみてください。活動そのものの楽しさばかりでなく、良き友との出会いもあるでしょう。

教会は基本的に信徒の皆さんのボランティア活動（奉仕）によって、運営されています。有給で教会の働きをしているのは牧師ひとりだけ、という教会が多いのが現実です。ほかに事務その他の働きをする（しばしばパートタイムの）スタッフを置いている教会もありますが。ですから、日曜の礼拝を、お掃除の行き届いた、お花で美しく飾られた礼拝堂でささげることができるとすれば、どこかでだれかが奉仕してくれているということです。だれが何をしたのかわからない場合もあります。ぜひそのような陰の奉仕にも、将来加わってください。

まだまだたくさんの活動やプログラムがあるでしょうが、このへんで章を改めましょう。

第四章　教会とは何か

さて、ここで教会とはそもそも何なのかということを、聖書の教えるところに従って少し説明することにしましょう。もちろん、これまでも「教会とは何か」をお伝えしてきたことに違いないのですが、少々硬い言い方をすれば、教会というものの本質について聖書がどのように教えているかを考えてみたいのです。「教会は初めて」という人には少々難しい部分もあるかと思いますが、いくらかでも理解していただければ幸いです。もしとっつきにくければ、とばしてください。教会に通うようになって、しばらくしてから読んでくださってもよいと思います。

1　「教会」ということば

新約聖書において教会を意味することばはエクレーシア（ekklēsia）です。日本語の「教会」という表現は、教えたり、教えを受けたりする集まり、というものを連想させ、学校のような感じがします。実際、日本の教会はよく教え、よく学ぶところかもしれません（最近では、その学びがおろそかになっているという声も聞かれるのですが）。参考までに英語のチャーチ（church）やドイツ語のキルヒェ（Kirche）は「主に属する」という意味のギリシア語からきています。フランス語のエグリーズ（église）はギリシア語のエクレーシアからきています。

さて、このエクレーシアは、古代ギリシアでは「集会」を意味する語でしたが、それがキリスト信者の集まりに用いられるようになりました。もっとも、それに先立って、ヘブル語旧約聖書のギリシア語訳において、神の民イスラエルの集まり（カーハール）にエクレーシアを当てた事実が背景にあります。神によって召集された者たちの集団という意味で、ヘブル語のカーハール、ギリシア語のエクレーシアが使われたのです。

実際、新約聖書では、今日ならクリスチャンとかキリスト者と言うべきところで、「召された者」「召された人々」という言い方がよく使われています。（クリスチャンという表現は、わずか三回しか出てきません。）たとえば、ローマの教会に宛てた手紙の冒頭で、パウロという人は、「ローマの教会へ」と書かず、「イエス・キリストによって召された人々」「ローマにいるすべての、神に愛されている人々、召された聖徒たちへ」と書いています。

このような表現からわかるように、教会、エクレーシアとは単に共通の信仰をもった人々が集まっている集団ということではありません。むしろ、人の思いを超えた神ご自身の召集を受けた人々の集まりなのです。確かに私たちは、自分の意志で教会に通うようになり、キリストを信じ、教会員となりますが、私たち自身の意志や願いを超えた神の働きかけや計画があったからこそ、そうするようになったのです。

もう一つ。「教会」というと、多くの人々は教会の建物、つまり教会堂を思い浮かべるかもしれません。最近では日本でも美しい教会堂が建てられています。しかし、教会は基本的に聖書の神を信じ、キリストを信じる人々の集まり、別の角度から見れば、神によって召集された人々の集まりであって、建物そのものではありません。

2　教会を描写する表現

実は、「教会」ということばだけが教会を表しているのではありません。聖書の中では教会というものを示すのに、様々な表現が用いられています。

(1)　神の民

まず第一に「神の民」という表現があります。ペテロの手紙第一、二章一〇節に、「あなたがたは以前は神の民ではなかったのに、今は神の民であり、あわれみを受けたことがなかったのに、今はあわれみを受けています」とあります。

神は私たち人間を十把ひとからげにせず、一人ひとり大切に扱ってくださいます。また私たちも一人ひとり神の前に立たなければなりません。しかしまた、神のご計画は、神から離れてしまったこの世界に、神によって救われ、神のみこころに従う神の民を形成することにあります。それは人間が本来孤立して存在するものではなく、互いに愛し合い、仕え合って生きていくように造られているからです。

神は、まずアブラハムという人を選び、彼の子孫を神の民とすることを計画されました。それがイスラエル民族、ユダヤ人です。彼らが神の民であるということは、彼らがいつも正しいとか、いつも彼らの思うとおり神が味方してくれるということではありません。むしろ世界の歴史が示しているとおり、彼らは多くの苦しみを経験しなければなりませんでした。それは彼らが神の民としてふさわしく整えられるためです。

その神の民イスラエルから、救い主イエス・キリストが生まれました。しかし、ユダヤ人の大半はこの救い主を受け入れませんでした。そこでキリストによる救いはユダヤ人以外の「異邦人」（私たちも異邦人です）にもたらされました。ユダヤ人も異邦人も一緒に新しい神の民を形成することを、神は望んでおられるのです。

そのような意味で教会は神の民です。クリスチャンはそれぞればらばらではなく、互いに仕え合い、協力し合って、民＝共同体を形成し、この世界で神のみこころを実現するようになるのです。

(2) キリストのからだ

新約聖書のエペソ人への手紙に、「キリストが教会のかしら」であり、教会は「キリストのからだ」であると言われています（五章二三節、一章二三節）。これは教会が単なる人間の集団ではなく、キリストと一体のものであることを示しています。教会はまったく間違いを犯さないということではありませんが、教会が自らのかしらであるキリストに従い、キリストに拠り頼むとき、キリストの働きをこの地上で成し遂げる手となり、足となることができるということです。

キリストはご自分のいのちを教会のためにささげてくださいました。そして教会を「きよめて聖なるもの」とし、「聖なるもの、傷のないものとなった栄光の教会を、ご自分の前に立たせ」ようとしておられます。それほどまでに教会のことを思い、教会を愛しておられるのです（エペソ人への手紙五章二五―二七節）。

ですから、教会は人間の知恵や力で成長していくのではありません。そのいのちはキリストご自身から来るのです。その意味で教会はこの世界にあるものでありながら、超自然的な共同体であると言えるでしょう。

(3) キリストの花嫁

旧約聖書において、神の民イスラエルは「花嫁」になぞらえられています。たとえばイザヤ書六二章五節に、「花婿が花嫁を喜ぶように、あなたの神はあなたを喜ぶ」とあります。ところがその花嫁が花婿に対し誠実ではなく、多くの愛人をつくってしまいました。しかも帰ると言いながら決して帰って来ないのです。そのことを嘆く神のことばがエレミヤ書三章に記されています。

新約聖書に目を転じると、キリストが花婿になぞらえています。マルコの福音書二章一八―二〇節やマタイの福音書二五章一―一三節などです。今見たばかりのエペソ人への手紙五章では、そのキリストの花嫁が教会であることが明らかにされています。

この比喩は、教会がキリストによっていかに愛されているかを示すものです。キリストは自らのいのちを犠牲にすることをいとわないほどに教会を愛しておられます。キリストは私たち一人ひとりを愛してくださいますが、キリストのからだとしての教会も測り知れない愛をもって愛しておられるのです。ですから、教会は二千年の間、様々な困難に直面しながらも、いのちが保たれ、全世界に成長し拡大してきたのです。

(4) 神の住まい

旧約聖書の時代、神の民イスラエルは、神がおられる場、神の臨在の場として「聖所」を造るよう命じられました。モーセに導かれてエジプトを出て来た彼らは荒野で聖所としての「幕屋」を造り、後にソロモン王は神殿を造りました。

新約聖書に目を転じると、コリントの町のクリスチャンたちに対して、パウロは「あなたがたのからだは、あなたがたのうちにおられる、神から受けた聖霊の宮」であると書いています（コリント人への手紙第一、六章一九節）。これは、もはや幕屋や神殿という場所に限定されずに、クリスチャンの内に神が住んでいてくださる、神の霊がおられるということです。

これは個々のクリスチャンの内に聖霊がおられるから、何でも自分の思いどおりにやってよいと保証しているわけではなく、クリスチャンの集まり、つまり教会全体が神の宮であり、そこに聖霊がおられると言おうとしているのです。エペソ人への手紙二章二二節には、「あなたがたも、このキリストにあって、ともに築き上げられ、御霊によって神の御住まいとなるのです」とあります。「ともに建てられ」とあるのは、教会として建て上げられたことを意味しています。

このように、教会は神の住まいです。神はどこにでもおられますが、特に教会の礼拝、活動、交わりに親しくお臨みくださっているのです。

(5) 神の家族

今見たエペソ人への手紙二章一九節には、「神の家族」という表現も見られます。ガラテヤ人への手紙六章一〇節には「信仰の家族」ということばもあります。いずれも教会をさしていると考えられます。

イエス・キリストは弟子たちに、神を「天の父」と呼ぶように教えてくださいました。聖霊は、聖なる神を「お父さん」として意識し、親しく祈るようにと、私たちを励ましてくださいます。そして同じ神を信じる者たちは「神の子」として、お互いに兄弟姉妹ということになります。実際初代教会では、クリスチャンはお互いに「兄弟」とか「姉妹」とか呼び合いました。その言い方を、今日私たちも受け継いでいます。

「それでわかった」とおっしゃる人もいるかもしれません。私は教会に行き始めたばかりのころ、皆さんがやたらと「○○兄弟」「△△姉妹」と呼ぶものですから、「この教会には、兄弟や姉妹で来ている人たちがずいぶんといるものだな」と思ったことがあります。兄弟とか姉妹とかいうのは、文字どおり血のつながっている者たちということではなく、信仰上のつながり、霊的なつながりのことなのです。

教会には互いに助け合う交わりがあります。ときには血のつながった家族以上のきずなとなることもあります。「神の家族」という表現はそうした親密な関係を強調するものなのです。

(6) 神の羊の群れ

この概念もまた旧約聖書から出発します。神は羊飼いであり、神の民は羊であるという教えが、旧約のところどころに見られます。クリスチャンが愛誦する詩篇二三篇の詩も、「主は私の羊飼い。私は乏しいことがありません」ということばで始まります。

本来は神の民イスラエルを養い導かなければならない指導者たちが、その責任を果たしていないことを神は嘆き、神自らが「わたしの羊を養う」と宣言されました（エゼキエル書三四章一一―一六節）。同時に、神の民を牧する一人の羊飼いを起こすと約束なさいました（同二三節）。イエス・キリストが「わたしは良い牧者です。良い牧者は羊たちのためにいのちを捨てます」（ヨハネの福音書一〇章一一節）と宣言されたとき、この約束が実現したのです。

キリストをかしらとする教会は、まさにキリストが牧者として養い導かれる「羊の群れ」なのです。教会がこのように表現されるとき、それは牧者であるキリストの守りと養いを強調していると言ってよいでしょう。

また初代教会の指導者ペテロは、他の指導者たち（長老たち）に対して、「神の羊の群れを牧しなさい」と勧めています（ペテロの手紙第一、五章一〇節）。クリスチャンはお互いに配慮し合う小さな牧者になることが期待されているのです。

(7) 神のぶどう園

ぶどうの木やぶどう園も、聖書によく登場する比喩です。神の民イスラエルがエジプトから救い出され、約束の地に広がった様子が、ぶどうの木が植えられ、その枝が伸びていく姿で描写されています（詩篇八〇篇八節以下）。神の民は神のぶどう園なのです。神は大事に手入れをして、ぶどうを育てました。ところが現実に成ってきたのは、期待に反し、すっぱいぶどうでした。イザヤ書五章一―七節には、公正や正義を失ってしまった神の民の姿をそのように嘆く神のことばが記されています。

イエス・キリストは、「邪悪な労働者のたとえ」（マルコの福音書一二章一―一二節）の中で、ぶどう園を借りながら、持ち主に収穫をおさめることをしない農夫たちの話をしておられます。これもまた、神が期待しておられるような実を結ぶことをしない人々の姿を描いたものです。キリストは自らが「まことのぶどうの木」であると宣言し、弟子たちに対し、自分につながっていれば実を結ぶことができると約束しておられます（ヨハネの福音書一五章一―五節）。これには旧約以来の背景があるのです。また、キリストが来られて生まれた教会にとって、大切な教えも含まれています。つまり、教会も実をみのらせなければならないということ、つまり、神のみこころをこの地上で実現しなければならないということです。

教会はその内においても、また外に対しても、神の愛を実践し、神が求められるきよさや正義が実現するよう求めなければなりません。また、神が与えてくださっている救いのメッセージを確実に人々に伝えていかなければなりません。そのようにして、神の期待に応えるまことのぶどう園となることができるのです。

第五章　教会についてのQ&A

これまでの第一―四章で、教会に初めて行こうとしておられる人の質問に答えてきましたが、まだいくつか残っている問題がありますから、それをこの最後の章で取り上げることにしましょう。

Q1　どうしてたくさんの教派があるのですか。

A1　第一章に書いたように、どこの教会に行ったらよいか調べてみると、確かにいろいろな教派や教団の教会があって、戸惑うことでしょう。同じキリスト教なら、どうして一緒にならないのだろうかと疑問に思われるかもしれません。

確かにプロテスタント教会は数多くの教派や教団に分かれてきました。特に日本の教会は欧米の宣教師たちが始めたものが多いので、彼らの属している教派がそのまま日本に上陸してしまったようなところがあります。過去においてそうした教派が互いに対立していたこともあります。それは決して好ましいことではありません。私たち教会人はそれを率直に反省しなければなりません。

そこで、そうした過去の反省に立って、今日では、互いに交わりを深め、協力していこうと努力をしています。長い歴史の中で形成されてきた慣習、組織、運営方法の違いは、そう簡単になくせませんが、何らかの協力関係を育てていくことはできます。もちろん教派が合同することもないわけではありません。

しかしまた、多くの教会に分かれていることの積極面も理解していただきたいと思います。多くの教派が誕生してきたのは、それだけ真理に対する熱心さがあったからです。また自らの確信に対して誠実であろうとしたためでもあります。そうしたものを失って、「何でもあり」ということになると、キリスト教がキリスト教でなくなる危険性が出てきます。

人間が形づくる組織は、長い歩みの中で初めのいのちを失いやすいもので、キリスト教会も例外ではありません。しかし、そうしたときにも、初めの熱心さを保つ少数者が不思議と残されているものです。そのような人々がいのちを失った教会から出て行って新しい教会を設立します。すると、残された人々の間にも信仰復興がしばしば起こるのです。神のあわれみにより、そのようにして信仰の火が継承されてきました。多くの教派が存在する背後には、こうした歴史的現実もあると思います。

さらにまた、いろいろな教会が存在することで、人々の多様なニーズに応えやすいという面もあるでしょう。ある面だけが極端に突出するのはよくありませんが、聖書をよく学ぶ教会、社会的活動の活発な教会、音楽の賜物の豊かな教会など、特色があってよいと思います。

Q2 教会に行かなくても、クリスチャンとして生活していけるのではありませんか。

A2 確かに信仰は個人的なものです。ひとり神の前に立ち、ひとり聖書から神の語りかけを聞き、ひとり神に祈ることが基本です。ただ、「家でひとり神の前に礼拝をささげていたほうが、人のことを意識しないですむから、純粋に神を礼拝できる」とか、「教会に通うことに伴って、煩わしい関わりが出てくるのを避けたい」といった考えをもつとすれば、それは聖書が示す救いの世界とは異なります。

聖書は、私たち人間が「神のかたち」に創造されたと教えています。「神のかたち」にはいろいろな意味が含まれていると思いますが、一つ大事なことは、私たちが神との交わりに生き、また人間同士お互いに交わりに生きることができるということでしょう。しかし、人間は罪に陥り、神から離れ、いのちに満ちた神との交わりを失ってしまいました。その結果、人間同士も互いに愛し合い、仕え合うことができなくなったのです。自己中心になり、交わりをもつことが困難となってしまったのです。人間関係における悩みが尽きないのは、そのためです。

そのような罪と悩みの中で苦しんでいる私たちを神は見捨てず、救いを用意してくださいました。神のひとり子イエス・キリストが私たちの罪を負い、十字架で死んでくださったことで、私たちはもはや罪の責任を問われることなく、罪を赦され、神のもとに帰ることができるようになりました。それで、私たちは神との交わりを回復しました。また、人との交わりを回復していきます。神は私たちに聖霊をお与えくださいましたが、その聖霊は私たちが交わりの中に生きることができるように、私たちを励まし、私たちの心を変えていってくださいます。確かにクリスチャンになって変わる一つのことは（変化が顕著な人もいれば、目立たない人もいますが）、他の人との関係が改善されていくことです。他の人のことを思いやることが少しずつできるようになります。ですから、本当に神との交わりに生き、聖霊によって導かれているクリスチャンなら、教会生活を抜きにした生活は考えられないでしょう。

確かに教会に集まる人々にもいろいろな欠点がありますし、弱さがあります。人間関係で傷つき、深い人間不信に陥った人は、教会に通うようになったから、直ちにすべて癒やされるということではないでしょう。そこで教会内の人間関係の煩わしさから逃れたいと思うかもしれません。しかし、問題から逃避しても根本的な解決にはなりません。むしろ現実に直面し、弱さを覚えるところで神に拠り頼んでいっていただきたいと思います。そこにこそ、神の助けがあるでしょう。

Q3　教会に行って奉仕を頼まれたらどうしようと心配しています。

A3　教会は確かに、集う方々の奉仕によって運営されています。中には、割と気安く、教会に来られて間もない人を奉仕に誘う教会もあるかもしれません。また、「お客さま」でいるより、奉仕の仲間に加えてもらったほうがよいと思う人もいるかもしれません。

しかし、根本的なことを言えば、奉仕は、キリストを信じて救いを経験した人たちが自主的に行うものです。洗礼を受けるまでは奉仕を頼まないというのが、基本でしょう。信じている人なら、洗礼（受洗）前でも、責任の小さい奉仕をお任せするという教会もあるかもしれません。いずれにせよ、教会に通うようになって間もない人に責任を伴う奉仕を依頼することはないはずです。まして、初めての人に依頼は来ないでしょう。

ですから、どうぞ心配しないで教会にいらっしゃってください。もし万が一依頼されるようでしたら、「まだよくわかりませんから」とお断りになればよいのです。

Q4　教会はどのように運営されているのですか。

A4　十五歳で教会に初めて行った私は、教会は牧師が運営しているような印象を受けました。教会の二階に「牧師館（牧師の住居）」があり、いつでも教会にいる人は牧師とその家族でしたから。

確かに教会の運営において牧師が果たす役割は大きいのです。しかし、教会はその教会の正式な会員（教会員）たちが力を合わせて維持し、運営しているのです。教会によって運営の形態が異なりますから、一様ではありませんが、たいていの教会には（特に宗教法人を取得していればなおのこと）一年のうちに何回か総会があり、年間計画が立てられ、予算が決められ、決算の報告がなされます。教会堂の建設といった大きなプロジェクトがあれば、何度も総会が開かれ、綿密な話し合いがなされることになります。

教会員がいつでも全員集まるわけにはいきませんから、普段は「役員会」（教会の組織の形態によって「長老会」「執事会」「幹事会」等と呼ばれていることもあります）で、様々なことが話し合われます。その結果が総会で審議されることになるのです、牧師の謝儀（給与）も役員会が相談し、総会にはかります。ですから、決して牧師が教会のオーナーということではありません。役員の中から会計が選ばれ、献金の管理も複数の人が行い、年度末には会計監査が行われます。

神の前にも人の前にも、すべてのことが正しく行われるよう、教会は細心の注意を払っているのです。

Q５　洗礼を受け教会に行っていたのに、行かなくなってしまった人がいますが、どうしてそのようなことが起こるのですか。

A５　まことに残念なことですが、そのような現実が確かにあります。信仰を告白し、洗礼にまで進みながら、教会から離れてしまうとすれば、よほどのことがあったに違いありません。実際いろいろな事情があると思います。

中には、まだ救いとか信仰といったことが十分にわかっていない段階で、「背伸び」をして（あるいは周囲でさせてしまって）洗礼を受け、その結果、教会員として歩んでいくことが重荷になってしまったという人もいるでしょう。かく言う私自身、十五歳の夏にキリストを信じる決心をし、秋には受洗しましたが、まだよくわかっていなかったため、その後教会に通うことを負担に感じた時期がありました。

また、教会内の人間関係につまずいたとか、ちょっとした人のことばに傷ついたという人もおられるでしょう。あるいは初めはなかった疑いが起こってきて、教会に来られなくなるということもあるかもしれません。

教会ではそのような方々の気持ちを重んじつつ、何とかまた来られるように祈り、助けていきたいと願っています。そう簡単なことではありませんが、どうしたら復帰できるか模索しているのです。そして何か月かして、あるいは何年かして（ときには何十年後ということもあります！）戻って来られるなら、それは大きな喜びとなります。

　これから、教会に行ってみようとする皆さん、「行けなくなったら」という心配を先取りせず、どうぞ教会の門をくぐっていただきたいと思います。

おわりに

「教会に行ってみようかな」と思っている人、教会に通い始めた人のために書いた入門書が、二十年以上、多くの方々にお読みいただけるとは思っていませんでした。このたび、聖書からの引用を『聖書 新改訳2017』に直すことになり、それなら、ということで内容にも手を加えることになりました。それで読み返してみて、正直驚きました。二十年余りの時間の経過とともに、状況が大きく変わっていたからです。

たとえば、近くの教会を探すのに今やNTTの電話帳を使う人はいないでしょう。このごろは、教会に初めて来られる方々の大半は（教会内に知人、友人がいれば別ですが）、情報を教会のホームページから得ておられます。教会で用いる邦訳聖書や賛美歌集も変わりましたし、コロナ禍のため、礼拝の時間や式次第、献金の仕方なども多様化してきています。そのようなわけで、思っていた以上に手を加えることになりました。

もちろん変わらないこともたくさんあります。そこで以下、二〇〇一年七月に書いたことに少しばかり手を加えて、結びとさせていただきたいと思います。

私はイスラエルに旅するときは、北東部、バニアスと呼ばれる地を訪れるようにしています。そこにはヨルダン川の源流となる美しい流れがあって、旅の疲れを癒やしてくれます。しかし、理由はそれだけではありません。

実は、二千年前ピリポ・カイサリアと呼ばれていたこの地で、イエス・キリストと弟子たちの間で、重要な会話が交わされました。マタイの福音書一六章に記されていることを要約すれば、次のようなやりとりです。

イエスは弟子たちに尋ねました。

「あなたがたは、わたしをだれだと言いますか。」

弟子たちを代表してシモン・ペテロが答えました。

「あなたは生ける神の御子キリストです。」

するとイエスはこう言いました。

「シモン、あなたは幸いです。このことをあなたに明らかにしたのは人間ではなく、天におられるわたしの父です。わたしもあなたに言います。あなたはペテロ（原語ではペトロス）です。わたしはこの岩（原語ではペトラ）の上に、わたしの教会を建てます。」

新約聖書で「教会」という語が最初に現れるのはこの箇所です。この会話から大切なことを教えられます。第一に、イエスを神の御子、救い主キリストと信じる信仰は、人間の知恵ではなく、神ご自身から与えられたものだということ。これは今日も同じです。私たちは聖書を読んだり、説教を聞いたりしますが、それで得られる知識の積み重ねで、自動的に信じるわけではありません。神によって目が開かれる必要があります。

第二に、そのように告白したペテロの上に教会が建てられると、イエスが約束なさったことです。これはペテロという個人に特別な権威が授けられたということではありません。この直後ペテロは間違った考え方をし、厳しく退けられています。イエスのことばはむしろ、ペテロに代表される弟子たちがイエスを救い主キリストと信じている信仰の上に、教会が建て上げられていくという約束として、理解すべきでしょう。教会はただ信仰を土台として建て上げられていくものなのです。

いずれにしても、人間の力を超えた神ご自身の働きかけや導きがあることは明らかです。二千年の間、キリスト教会はいろいろなところを通ってきました。間違いを犯したこともあります。決して完全ではありませんでした。それでもなお、神は教会を愛し、教会を正し、教会を導き、全世界に広がるようにされました。

六十年前、恐る恐る教会に足を踏み入れた高校生であった私は、今年七十五歳、後期高齢者になりました。しかし、神は小さな者の人生を真実に導いてきてくださいました。それで、『「教会は初めて」という人のための本』を書くことになり、今回は改訂版まで出していただくことになりました。不思議な、実に不思議な神の恵みです。

この書を通して、一人でも多くの人が教会に通うようになり、幸いな人生を送られるようにと祈ります。

二〇二二年七月

前橋にて

内田 和彦

内田和彦（うちだ かずひこ）

1947年生まれ。東京大学文学部、聖書神学舎を卒業後、福音自由教会の牧師に。米国のトリニティ神学校、英国のアバディーン大学に留学、共観福音書の研究でPh.D.を取得。帰国後、草加福音自由教会で牧会しつつ、聖書神学舎で教鞭を執り、1990年からは専任教師に（1992-2005年は教師会議長）。2008年より日本福音キリスト教会連合・前橋キリスト教会で牧会。新日本聖書刊行会・新約主任として『聖書 新改訳2017』に取り組む。
著書、『イエスの生涯〈エゴー・エイミ〉』『地上で神の民として生きる』『私たちは勇気を失いません』『改訂新版「キリスト教は初めて」という人のための本』『改訂新版「祈りは初めて」という人のための本』など。

改訂新版
「教会は初めて」という人のための本

2001年9月15日 発行
2022年9月10日 改訂新版発行

著　者　内田和彦
印刷製本　日本ハイコム株式会社
発　行　いのちのことば社
〒164-0001 東京都中野区中野2-1-5
電話 03-5341-6922（編集）
03-5341-6920（営業）
FAX03-5341-6921
e-mail:support@wlpm.or.jp
http://www.wlpm.or.jp/

ISBN978-4-264-04386-7

内田和彦著

改訂新版「キリスト教は初めて」という人のための本

平易なことばによるキリスト教入門書。ヨハネの福音書3章16節の意味を、聖書に登場する人物のエピソードなどを交えて解説する。福音の神髄をわかりやすく紹介。

定価五〇〇円+税

「聖書は初めて」という人のための本

「聖書は読んでみたいのだけれど、難しそうで……」という人への入門書。聖書全体のメッセージ、聖書各書を解説し、どう読んでいったらよいかをアドバイスする。

定価五〇〇円+税

改訂新版「祈りは初めて」という人のための本

「キリスト者にとって、祈りは基本」と言われるが、そもそも祈りとは何なのか。祈る対象はだれか。また何を祈るべきか。聖書の教えにそっててていねいに説明する。

定価五〇〇円+税

＊重刷の際、価格を改めることがあります。